@lemappedipierre

DIRITTO REGIONALE FACILE
Attraverso schede, schemi e mappe concettuali

**LE MAPPE
DI PIERRE**

© tutti i diritti sono riservati

@lemappedipierre

INDICE

03 PER INIZIARE

06 LE FONTI DEL DIRITTO REGIONALE

12 IL REGIONALISMO ITALIANO

15 RIFORMA DEL TITOLO V PARTE SECONDA DELLA COSTITUZIONE

23 ELEMENTI COSTITUTIVI E SISTEMA DI GOVERNO REGIONALE

27 IL SISTEMA DI GOVERNO REGIONALE

37 I POTERI DELLE REGIONI

52 I RAPPORTI TRA DIVERSI LIVELLI DI GOVERNO

@lemappedipierre

1. PER INIZIARE

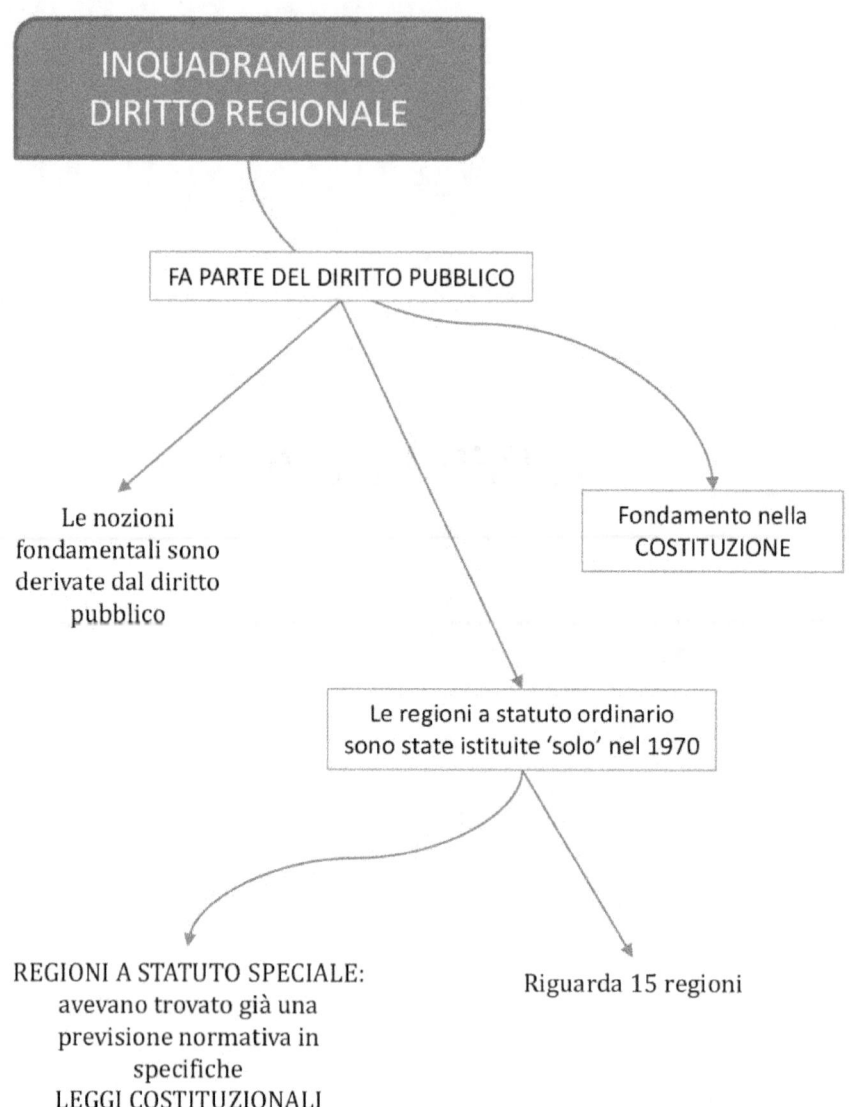

1. PER INIZIARE

INQUADRAMENTO DIRITTO REGIONALE

FA PARTE DEL DIRITTO PUBBLICO

Le nozioni fondamentali sono derivate dal diritto pubblico

Fondamento nella COSTITUZIONE

Le regioni a statuto ordinario sono state istituite 'solo' nel 1970

REGIONI A STATUTO SPECIALE: avevano trovato già una previsione normativa in specifiche LEGGI COSTITUZIONALI

Riguarda 15 regioni

Il diritto regionale non è una disciplina a sé stante, ma parte del diritto pubblico, e si è sviluppato in Italia a partire dagli anni Settanta, quando, con un quarto di secolo di ritardo sulle previsioni costituzionali, furono istituite le 15 Regioni a Statuto ordinario, che si aggiunsero alle 5 Regioni a Statuto speciale (Valle d'Aosta, Trentino Alto Adige, Friuli Venezia Giulia, Sicilia, Sardegna). Il diritto regionale non ha, quindi, istituti e nozioni proprie, distinte da quelle generali del diritto pubblico, ma si caratterizza, invece, come quella parte dell'ordinamento che contiene, insieme, la disciplina sulle e delle regioni e la riflessione giuridica su di essa. Il diritto regionale è composto, di conseguenza, di regole e principi a valenza generale e di regole e precetti dotati di efficacia spaziale limitata ai confini territoriali di ciascuna specifica Regione.

2. LE FONTI DEL DIRITTO REGIONALE

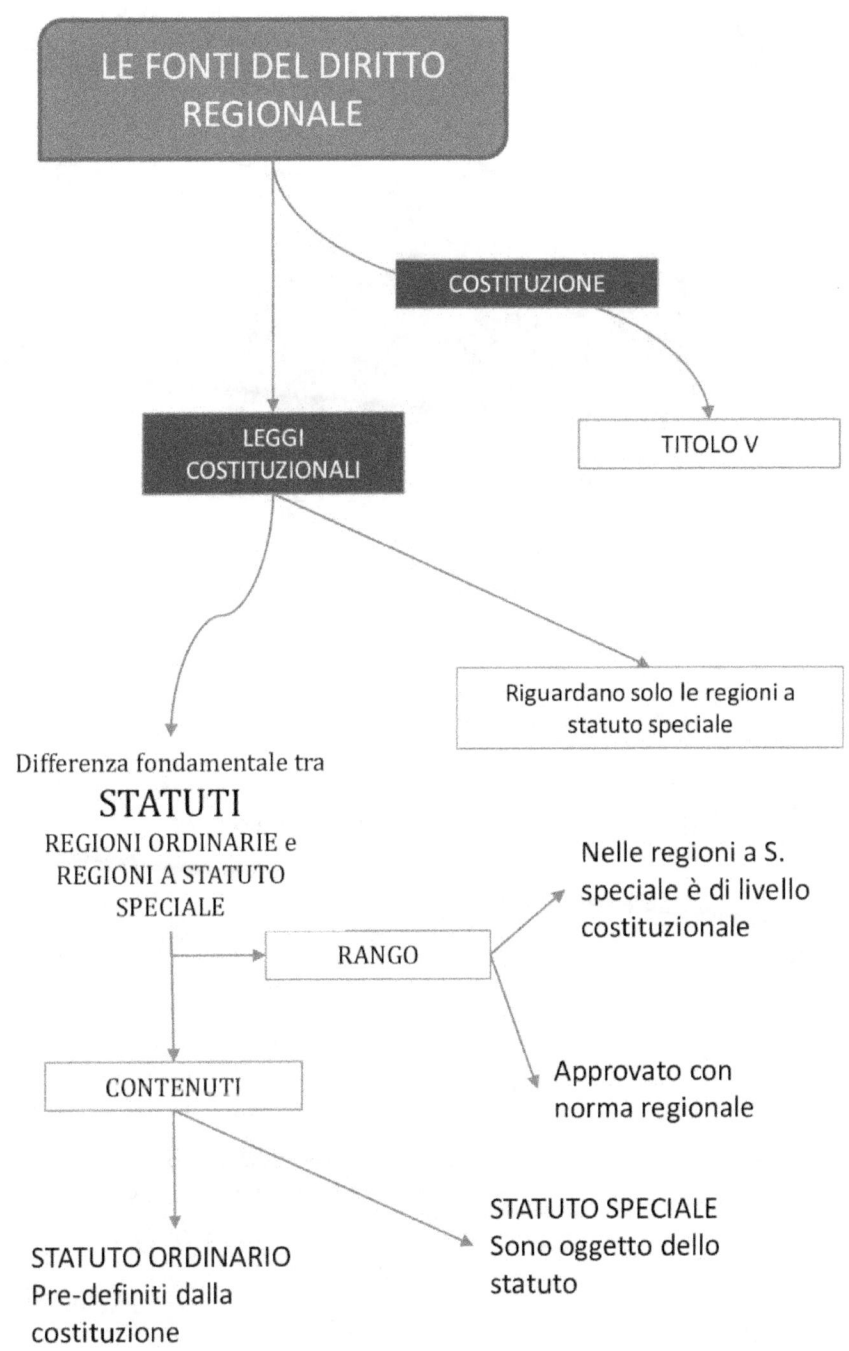

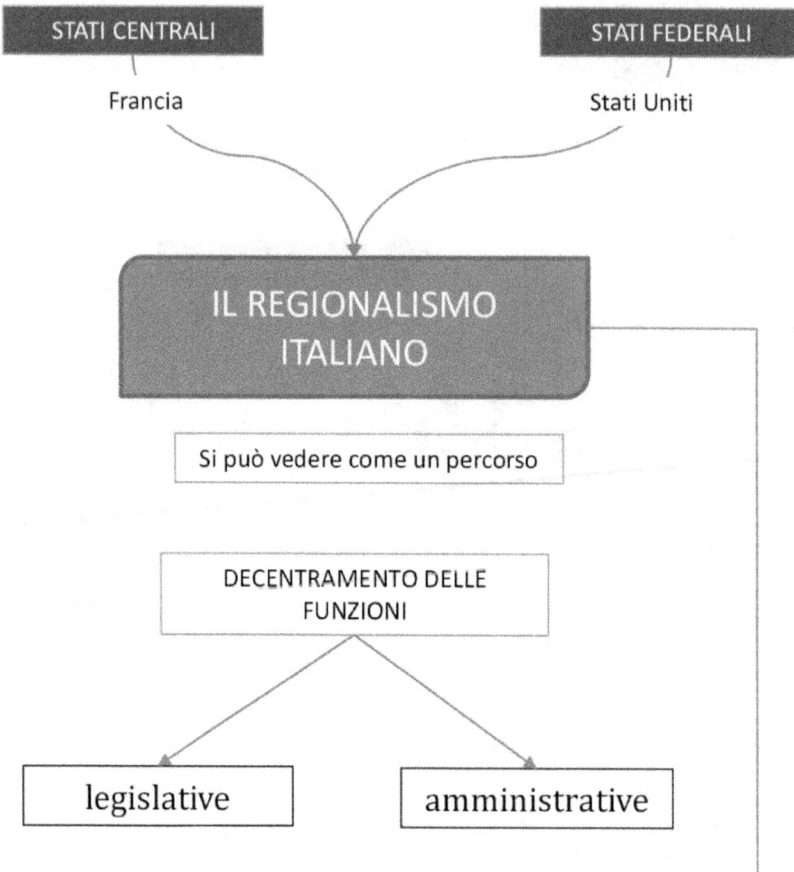

La fonte di diritto fondamentale è la Costituzione e, in particolare, il Titolo V, che si occupa appunto delle Regioni, delle Province e dei Comuni, oltre ad alcune leggi costituzionali con le quali sono stati approvati gli statuti delle Regioni autonome. Oltre che dagli articoli della Costituzione il diritto regionale si avvale anche di altre fonti: la giurisprudenza della Corte Costituzionale, gli Statuti ordinari e speciali, le norme di attuazione degli Statuti speciali, le Leggi regionali emanate dalle Regioni stesse, e degli atti normativi inerenti agli enti locali.

Tra le fonti indicate meritano un particolare cenno la differenza tra Statuto Speciale e Statuto Ordinario.

Le regioni a Statuto speciale e quelle ad autonomia ordinaria

Le Regioni a Statuto speciale (Valle d'Aosta/Vallée d'Aoste, Trentino-Alto Adige/Südtirol, Friuli Venezia Giulia, Sicilia e Sardegna) sono previste dalla Carta costituzionale che, in considerazione di specifiche ragioni storiche e geografiche, garantisce a ciascuna di esse particolari forme di autonomia. Le competenze legislative e amministrative, così come l'ordinamento finanziario, sono disciplinate, per ognuna, dallo Statuto e dalle norme di attuazione. Le prime quattro Regioni - Valle d'Aosta, Trentino Alto Adige, Sicilia e Sardegna - sono state istituite nel 1948. Il Friuli Venezia Giulia, invece, nel 1963.

Le Regioni ad autonomia ordinaria, invece, sono state istituite nel 1970, mediante L. 281/70: tale normativa conteneva provvedimenti finanziari e la delega al Governo per l'emanazione di norme per il passaggio delle funzioni (e di parte del personale) statali alle Regioni. Nella Repubblica Italiana, le Regioni a statuto ordinario sono: Abruzzo, Basilicata, Calabria, Campania, Fmilia-Romagna, Lazio, Liguria, Lombardia, Marche, Molise, Piemonte, Puglia, Toscana, Umbria e Veneto.

La grande differenza tra queste due tipologie istituzionali risiede principalmente nella natura e nel contenuti dello Statuto: quello speciale è considerato al livello di una legge costituzionale e delinea le modalità di queste condizioni speciali, mentre, per quello ordinario, le forme di singola autonomia sono stabilite dalla Costituzione e lo Statuto ordinario viene approvato con legge regionale statutaria.

Lo status speciale di Trento e Bolzano

In tale prospettiva merita un breve cenno alla situazione delle Province Autonome di Trento e Bolzano.
Il Trentino - Alto Adige è costituito in regione autonoma e comprende il territorio delle province di Trento e di Bolzano (art.1 dello Statuto speciale). Sul territorio di questa Regione, quindi, sono costituiti tre enti distinti:

- la Provincia autonoma di Trento;
- la Provincia autonoma di Bolzano;
- la Regione autonoma Trentino - Alto Adige/Südtirol.

Le due province e la Regione formano un sistema di enti autonomi, fra loro collegati, unico all'interno dell'ordinamento regionale italiano. La specialità del Trentino - Alto Adige, che assieme alle altre Regioni a Statuto speciale trova il suo fondamento nell'art. 116 della costituzione, si manifesta in una serie di elementi che ne differenziano il regime rispetto alle altre autonomie speciali:

- Un fondamento storico-giuridico di carattere internazionale (ancoraggio internazionale), ossia l'accordo Degasperi - Gruber del 5 settembre 1946;
- Una forte componente di minoranze linguistiche, sul territorio attualmente facente parte del Trentino - Alto Adige convivono popolazioni di lingua e cultura diversa;
- l'autonomia speciale delle due province nell'ambito di una stessa regione (tri polarità);

La fonte di diritto fondamentale è la Costituzione e, in particolare, il Titolo V, che si occupa appunto delle Regioni, delle Province e dei Comuni, oltre ad alcune leggi costituzionali con le quali sono stati approvati gli statuti delle Regioni autonome. Oltre che dagli articoli della Costituzione il diritto regionale si avvale anche di altre fonti: la giurisprudenza della Corte Costituzionale, gli Statuti ordinari e speciali, le norme di attuazione degli Statuti speciali, le Leggi regionali emanate dalle Regioni stesse, e degli atti normativi inerenti agli enti locali.
Tra le fonti indicate meritano un particolare cenno la differenza tra Statuto Speciale e Statuto Ordinario.

Le regioni a Statuto speciale e quelle ad autonomia ordinaria

Le Regioni a Statuto speciale (Valle d'Aosta/Vallée d'Aoste, Trentino-Alto Adige/Südtirol, Friuli Venezia Giulia, Sicilia e Sardegna) sono previste dalla Carta costituzionale che, in considerazione di specifiche ragioni storiche e geografiche, garantisce a ciascuna di esse particolari forme di autonomia. Le competenze legislative e amministrative, così come l'ordinamento finanziario, sono disciplinate, per ognuna, dallo Statuto e dalle norme di attuazione. Le prime quattro Regioni - Valle d'Aosta, Trentino Alto Adige, Sicilia e Sardegna - sono state istituite nel 1948. Il Friuli Venezia Giulia, invece, nel 1963.
Le Regioni ad autonomia ordinaria, invece, sono state istituite nel 1970, mediante L. 281/70: tale normativa conteneva provvedimenti finanziari e la delega al Governo per l'emanazione di norme per il passaggio delle funzioni (e di parte del personale) statali alle Regioni. Nella Repubblica Italiana, le Regioni a statuto ordinario sono: Abruzzo, Basilicata, Calabria, Campania, Emilia-Romagna, Lazio, Liguria, Lombardia, Marche, Molise, Piemonte, Puglia, Toscana, Umbria e Veneto.
La grande differenza tra queste due tipologie istituzionali risiede principalmente nella natura e nel contenuti dello Statuto: quello speciale è considerato al livello di una legge costituzionale e delinea le modalità di queste condizioni speciali, mentre, per quello ordinario, le forme di

singola autonomia sono stabilite dalla Costituzione e lo Statuto ordinario viene approvato con legge regionale statutaria.

Lo status speciale di Trento e Bolzano

In tale prospettiva merita un breve cenno alla situazione delle Province Autonome di Trento e Bolzano.
Il Trentino - Alto Adige è costituito in regione autonoma e comprende il territorio delle province di Trento e di Bolzano (art.1 dello Statuto speciale). Sul territorio di questa Regione, quindi, sono costituiti tre enti distinti:

- la Provincia autonoma di Trento;
- la Provincia autonoma di Bolzano;
- la Regione autonoma Trentino - Alto Adige/Südtirol.

Le due province e la Regione formano un sistema di enti autonomi, fra loro collegati, unico all'interno dell'ordinamento regionale italiano. La specialità del Trentino - Alto Adige, che assieme alle altre Regioni a Statuto speciale trova il suo fondamento nell'art. 116 della costituzione, si manifesta in una serie di elementi che ne differenziano il regime rispetto alle altre autonomie speciali:

- Un fondamento storico-giuridico di carattere internazionale (ancoraggio internazionale), ossia l'accordo Degasperi - Gruber del 5 settembre 1946;
- Una forte componente di minoranze linguistiche, sul territorio attualmente facente parte del Trentino - Alto Adige convivono popolazioni di lingua e cultura diversa;
- l'autonomia speciale delle due province nell'ambito di una stessa regione (tri polarità);

- La revisione complessiva dello Statuto speciale di autonomia: fra le regioni a statuto speciale è un dato fino ad oggi riscontrabile solo nel Trentino - Alto Adige. Nel 1971 alle due province autonome sono stati attribuiti nuovi o più ampi poteri legislativi e amministrativi (e quindi maggiori finanziamenti). L'incremento delle competenze provinciali è avvenuto togliendole in parte alla Regione, che dunque - pur mantenendo la propria autonomia e un nucleo limitato di competenze - esercita ora un ruolo e ha potere molto inferiore a quello originario, e assai ridotto rispetto a quello di ciascuna provincia;
- Un particolare sistema di rapporti che tiene unite fra loro la Regione e le Province autonome: pur mantenendo ognuno dei tre enti rilevanza distinta ed autonoma, lo Statuto è unico, così come sono uniformi (anche se non sempre uguali per entrambe le province) alcune norme fondamentali approvate con legge regionale, in materia di ordinamento degli enti locali e in altri limitati settori rimasti alla competenza regionale. Tuttavia, con la riforma statutaria del 2001 è venuta a cadere la competenza elettorale regionale: il procedimento elettorale non è più unico e non è più svolto a livello regionale; quindi, non è più l'elezione del Consiglio regionale a dar vita - in via automatica - ai Consigli provinciali, ma sono questi ultimi che, eletti separatamente in base a leggi provinciali distinte, costituiscono assieme il Consiglio regionale.

… @lemappedipierre

3. IL REGIONALISMO ITALIANO

Strettamente connesso al concetto di diritto regionale c'è quello di **regionalismo**, ossia il processo di decentramento che ha portato a concedere autonomia legislativa e amministrativa alle Regioni italiane. Il decentramento amministrativo è stato introdotto nel 1948 con la Costituzione Italiana, in cui viene esplicitamente citato all'articolo 5, come principio alternativo e opposto al principio dell'accentramento amministrativo. Il più ampio decentramento amministrativo viene realizzato concretamente attraverso l'attribuzione delle relative funzioni a organi diversi da quelli centrali, ovvero gli enti locali. Sebbene costituzionalmente previsto, il decentramento avvenne in maniera graduale e progressivo, in tema si ricordano la Legge 16 maggio 1970, n. 281, la Legge 22 luglio 1975, n. 382 e il D.lgs. 31 marzo 1998, n. 112.

Le istanze regionaliste e federaliste trovarono ampia espressione nel Risorgimento italiano: Vincenzo Gioberti, Carlo Cattaneo e Giuseppe Ferrari furono i principali sostenitori dello Stato federale.

Nel 1864, quando emerse la necessità di realizzare le prime statistiche nazionali sociali ed economiche, si dovette ovviare alla mancanza delle regioni. Il primo coordinatore della statistica nazionale, Pietro Maestri, superò il problema "ritagliando" delle circoscrizioni territoriali "secondo la loro coesione topografica". Il Maestri, cioè, non eseguì il suo lavoro basandosi su criteri storici, ma effettuò un puro e semplice raggruppamento di province. L'autore, inoltre, sostenne che la propria ripartizione aveva valore provvisorio, nell'attesa che i criteri di ripartizione fossero meglio definiti. Era nato il primo riparto statistico del territorio italiano. Nel 1870, Alfeo Pozzi pubblicò il manuale L'Italia nelle sue presenti condizioni fisiche, politiche, economiche, monumentali, un libro per le scuole. Le 14 "Circoscrizioni di decentramento statistico-amministrative" elaborate dal Maestri divennero, dopo l'aggiunta del Veneto e del Lazio nel 1870, 16 "Regioni".

Per un cinquantennio i confini del Regno e delle sue 16 regioni rimasero pressoché invariati, finché in seguito alla vittoria nella Prima guerra mondiale furono unite all'Italia anche la Venezia Tridentina (l'odierno Trentino-Alto Adige) e la Venezia Giulia. Il regime fascista arrivò a sopprimere addirittura le autonomie locali, facendo dipendere i comuni e le province direttamente dall'esecutivo centrale.

Con la Costituzione repubblicana sono le regioni a diventare un elemento centrale della Repubblica. Le autonomie speciali furono coperte dall'art. 116 della nuova Costituzione italiana. La XVII disposizione transitoria e finale della Costituzione previde che l'Assemblea Costituente avrebbe dovuto decidere in materia di statuti regionali speciali (oltre che di legge elettorale del Senato della Repubblica e legge sulla stampa) entro il 31 gennaio 1948. In virtù di questa previsione, il 26 febbraio 1948 vennero promulgate le leggi costituzionali contenenti gli statuti in questione, in deroga al procedimento ordinario di approvazione di una legge costituzionale previsto dall'art. 138 della Costituzione stessa: leggi costituzionali 26 febbraio 1948, nn. 2, 3, 4 e 5. La vicenda della Venezia Giulia, essendo parte di un difficile contesto internazionale, troverà soluzione solamente nel decennio successivo. L'elenco delle regioni a statuto ordinario sarà aggiornato nel 1963, quando verrà aggiunto il Molise, che diventerà così la ventesima regione italiana.

Un ulteriore avanzamento del regionalismo è avvenuta tra il 1999 e il 2001 con la **riforma del titolo V della Costituzione**, che è l'oggetto di approfondimento del prossimo capitolo.

4. RIFORMA DEL TITOLO V PARTE SECONDA DELLA COSTITUZIONE

@lemappedipierre

La **riforma del titolo V della Parte II della Costituzione** costituisce la più grande riforma costituzionale finora approvata dall'entrata in vigore della Costituzione. Essa trasforma in radice tutto l'assetto del governo territoriale, e sovverte i tradizionali rapporti tra centro e periferia. La complessiva riscrittura del titolo V deriva non solo dall'entrata in vigore della Legge costituzionale n. 3 del 2001, ma anche dalla Legge costituzionale n. 1 del 1999.

Entrando nel vivo delle modifiche attuate, occorre innanzitutto segnalare che in base all'**articolo 114**, la Repubblica risulta "costituita" da Comuni, Province, Città metropolitane, Regioni e Stato, laddove il testo previgente stabiliva che la Repubblica "si riparte in Regioni, Province e Comuni". Cambia così il significato ascritto per tale aspetto alla Repubblica, la quale viene configurata come ordinamento generale di cui lo Stato è parte e di cui Regioni ed enti locali sono componenti con pari dignità istituzionale.

L'**articolo 117** attribuisce taluni ambiti materiali alla competenza legislativa esclusiva dello Stato in quanto necessariamente espressiva di normazione generale sull'intero territorio nazionale, in riferimento a beni oggetto di protezione costituzionale o comunitaria particolarmente intensa come la "tutela della concorrenza", la "perequazione delle risorse finanziarie", la "determinazione dei livelli essenziali delle prestazioni concernenti i diritti civili e sociali che devono essere garantiti su tutto il territorio nazionale" e le "funzioni fondamentali di Comuni, Province e Città metropolitane.

A partire dall'entrata in vigore della Legge costituzionale n. 3 del 2001, e dunque con il nuovo testo dell'articolo 117, la potestà legislativa dello Stato è ormai limitata alle materie di cui all'articolo 117, 2° comma, nonché alla determinazione dei principi fondamentali nelle materie di cui all'articolo 117, 3° comma.. Con l'entrata in vigore del nuovo testo non

4. RIFORMA DEL TITOLO V PARTE SECONDA DELLA COSTITUZIONE

La **riforma del titolo V della Parte II della Costituzione** costituisce la più grande riforma costituzionale finora approvata dall'entrata in vigore della Costituzione. Essa trasforma in radice tutto l'assetto del governo territoriale, e sovverte i tradizionali rapporti tra centro e periferia. La complessiva riscrittura del titolo V deriva non solo dall'entrata in vigore della Legge costituzionale n. 3 del 2001, ma anche dalla Legge costituzionale n. 1 del 1999.

Entrando nel vivo delle modifiche attuate, occorre innanzitutto segnalare che in base all'**articolo 114**, la Repubblica risulta "costituita" da Comuni, Province, Città metropolitane, Regioni e Stato, laddove il testo previgente stabiliva che la Repubblica "si riparte in Regioni, Province e Comuni". Cambia così il significato ascritto per tale aspetto alla Repubblica, la quale viene configurata come ordinamento generale di cui lo Stato è parte e di cui Regioni ed enti locali sono componenti con pari dignità istituzionale.

L'**articolo 117** attribuisce taluni ambiti materiali alla competenza legislativa esclusiva dello Stato in quanto necessariamente espressiva di normazione generale sull'intero territorio nazionale, in riferimento a beni oggetto di protezione costituzionale o comunitaria particolarmente intensa come la "tutela della concorrenza", la "perequazione delle risorse finanziarie", la "determinazione dei livelli essenziali delle prestazioni concernenti i diritti civili e sociali che devono essere garantiti su tutto il territorio nazionale" e le "funzioni fondamentali di Comuni, Province e Città metropolitane.

A partire dall'entrata in vigore della Legge costituzionale n. 3 del 2001, e dunque con il nuovo testo dell'articolo 117, la potestà legislativa dello Stato è ormai limitata alle materie di cui all'articolo 117, 2° comma, nonché alla determinazione dei principi fondamentali nelle materie di cui all'articolo 117, 3° comma.. Con l'entrata in vigore del nuovo testo non spetta, pertanto, più allo Stato la competenza legislativa generale. Al contrario, la potestà legislativa regionale non solo acquista il carattere di generalità e residualità in virtù dell'articolo 117, 4° comma, ma in tutte le materie di cui all'articolo 117, 3° comma, di competenza "concorrente", ha a sua volta un contenuto generale limitato soltanto dai principi fondamentali stabiliti dalle leggi dello Stato.

La potestà normativa regionale si rafforza e conquista una effettiva autonomia, per effetto della soppressione del controllo potestà legislativa "generale" alle Regioni le leggi statali di principi 12 governativo sulle leggi regionali, già previsto dall'articolo 127 della Costituzione, e oggi abrogato. E' solo la Corte Costituzionale a poter decidere, su ricorso del Governo, e a posteriori, sulla illegittimità costituzionale di una legge regionale

Inoltre, il nuovo testo sancisce la fine del criterio del parallelismo tra le funzioni legislative ed amministrative attribuite, rispettivamente, allo Stato e alle Regioni. Nel nuovo impianto del titolo V, la competenza legislativa regionale incontra garanzie particolarmente intense, anche per effetto della soppressione del controllo governativo preventivo sulle leggi e della scomparsa dell'interesse nazionale come limite di merito, che il vecchio testo dell'articolo 127 assegnava al discrezionale apprezzamento del Parlamento nazionale.

La nuova versione dell'**articolo 119** prevede assai più efficaci strumenti di garanzia dell'autonomia finanziaria degli enti territoriali, come risulta in particolare dalla distinta menzione, al secondo comma, del potere di stabilire ed applicare "tributi ed entrate propri", in armonia con la Costituzione e con i princìpi di coordinamento della finanza pubblica e del sistema tributario, e della attribuzione di "compartecipazioni al gettito di tributi erariali riferibile ai loro territori". Nello stesso tempo, e su questa premessa, il nuovo testo istituisce un fondo statale perequativo a favore dei "territori con minore capacità fiscale per abitante", nonché risorse aggiuntive ed interventi speciali dello Stato per provvedere a scopi diversi dal normale esercizio delle funzioni delle autonomie, per promuoverne lo sviluppo e la coesione sociale.

Da segnalare poi le numerose modifiche delle norme costituzionali riguardanti la forma di governo e l'autonomia statutaria regionale, compiute al fine di rafforzare le Regioni e la loro capacità di governo. La stabilità dei governi regionali e la legittimazione delle loro *leadership* costituisce una premessa indispensabile per ridefinire il ruolo delle Regioni anche nella logica del compimento del complesso processo di decentramento amministrativo avviato dalle leggi Bassanini.

Tra tali modifiche si segnalano quelle apportate dalla già citata L. Cost. 1/1999, mediante la quale è stata prevista l'elezione diretta del Presidente di Regione.
L'elezione diretta del Presidente della Regione e la formazione di governi, maggioranze e rappresentanze politiche regionali riconoscibili non sono scelte casuali. Sono strumenti necessari a fare delle Regioni istituzioni centrali (si parla anche di centralismo regionale), luoghi di raccordo tra centro nazionale, territori e Unione europea. Attraverso il Titolo V il legislatore ha inteso superare il regionalismo emerso dalla riforma del 1970 che aveva portato nel tempo le regioni ad essere, da un lato, enti di distribuzione della spesa pubblica a nome e per conto dello Stato, e dall'altro lato, ad essere percepito come enti substatuali sovrapposti gerarchicamente alle autonomie locali, ripetitive dei vizi burocratici e centralisti dello Stato. Ma nuove Regioni intese come centri di coordinamento e governo politico di governi locali messi efficacemente a rete e quindi trasformate in veri e propri strumenti di federazione di città e comunità locali.

<u>Ulteriore svolta è stata poi la L. Cost. 3/2001. Tra gli elementi fondamentali di tale riforma si segnala:</u>

- pari dignità istituzionale di tutti gli Enti con lo Stato, ai sensi dell'art. 114 Cost.;
- fondamento costituzionale dell'autonomia non solo delle Regione ma anche degli Enti locali;
- costituzionalizzazione di Roma come Capitale d'Italia;
- introduzione dello Statuto regionale differenziato anche per le Regioni a Statuto ordinario;
- riconoscimento delle azioni di politica estera anche per le Regioni;
- principio di sussidiarietà (verticale), il quale prevede l'attribuzione delle funzioni amministrative di pertinenza statale agli Enti locali;
- costituzionalizzazione del federalismo fiscale;
- intervento sostitutivo dello Stato nei confronti delle Regioni a fronte di gravi inadempienze delle predette.

Attuazione delle seguenti normative:

L. 131/2003, c.d. Legge La Loggia, che ha comportato un adeguamento all'ordinamento della Repubblica;

L. 165/2004, Legge cornice in tema di elezioni regionali;

L. 42/2009, Legge sul federalismo fiscale;

L. 234/2012, la quale contiene le norme generali italiane per la partecipazione al processo europeo (abroga la 11/2005).

Le Regioni sono enti costituzionali.

La L. Cost. n. 1/1999 si rivolge alle sole Regioni a Statuto ordinario e incide su uno degli aspetti di maggiore interesse che caratterizza il nostro sistema regionale. Si fa riferimento all'autonomia statutaria regionale. Per la precisione, si parla di autonomia statutaria e non di autonomia costituzionale: si intende la competenza nella definizione dell'organizzazione interna della regione e di altre specifiche materie, non anche l'autonomia nel riparto delle competenze tra Stato e Regione, che rimane una competenza esclusiva dello Stato. Tale normativa, infatti, attua una modifica all'art. 123 Cost. che si pone l'obiettivo di ripensare il procedimento di formazione dello Statuto facendo in modo che si esaurisca interamente nell'ordinamento giuridico della Regione come avviene, d'altronde, negli Stati federali per l'adozione delle Costituzioni degli Stati membri. Il procedimento di formazione degli Statuti, oggi, prevede che questi vengano adottati e modificati con legge regionale, adottata con una doppia deliberazione a maggioranza assoluta dei componenti del Consiglio regionale, con la possibilità di referendum confermativo solo eventuale.

La L. Cost. n. 2/2001, invece, si è interessata alle Regioni a Statuto speciale, che introduceva le disposizioni relative alla elezione diretta dei Presidenti delle Regioni a Statuto speciale e delle Province Autonome di Trento e Bolzano. La ratio della riforma era quella di estendere, alle cinque Regioni, un regime analogo a quello previsto, per le Regioni ordinarie, dalla riforma del 1999 prevedendo una competenza statutaria molto simile.

La L. Cost. n. 3/2001 - ampiamente trattata nel paragrafo precedente - è la normativa che ha posto in essere la revisione del regionalismo italiano ed, in particolare, il criterio di riparto delle competenze tra lo Stato e le Regioni. Questa riforma ha tre meriti: in primis, di aver mantenuto le autonomie speciali con la riproposizione del nome delle cinque autonomie speciali sia in italiano, sia in lingua straniera per il Trentino-Alto Adige/Südtirol e Valle d'Aosta/Valleè d'Aoste (di cui all'art. 116 commi 1 e 2 Costituzione); in secundis, di aver attuato parzialmente il regionalismo differenziato estendendo "Ulteriori forme e condizioni particolari di autonomia [...]", già previste per le autonomie speciali, anche alle Regioni ordinarie (di cui all'art. 116, terzo comma, Costituzione); infine, di aver invertito il sistema tradizionale di ripartizione delle competenze tra i diversi livelli di amministrazione.

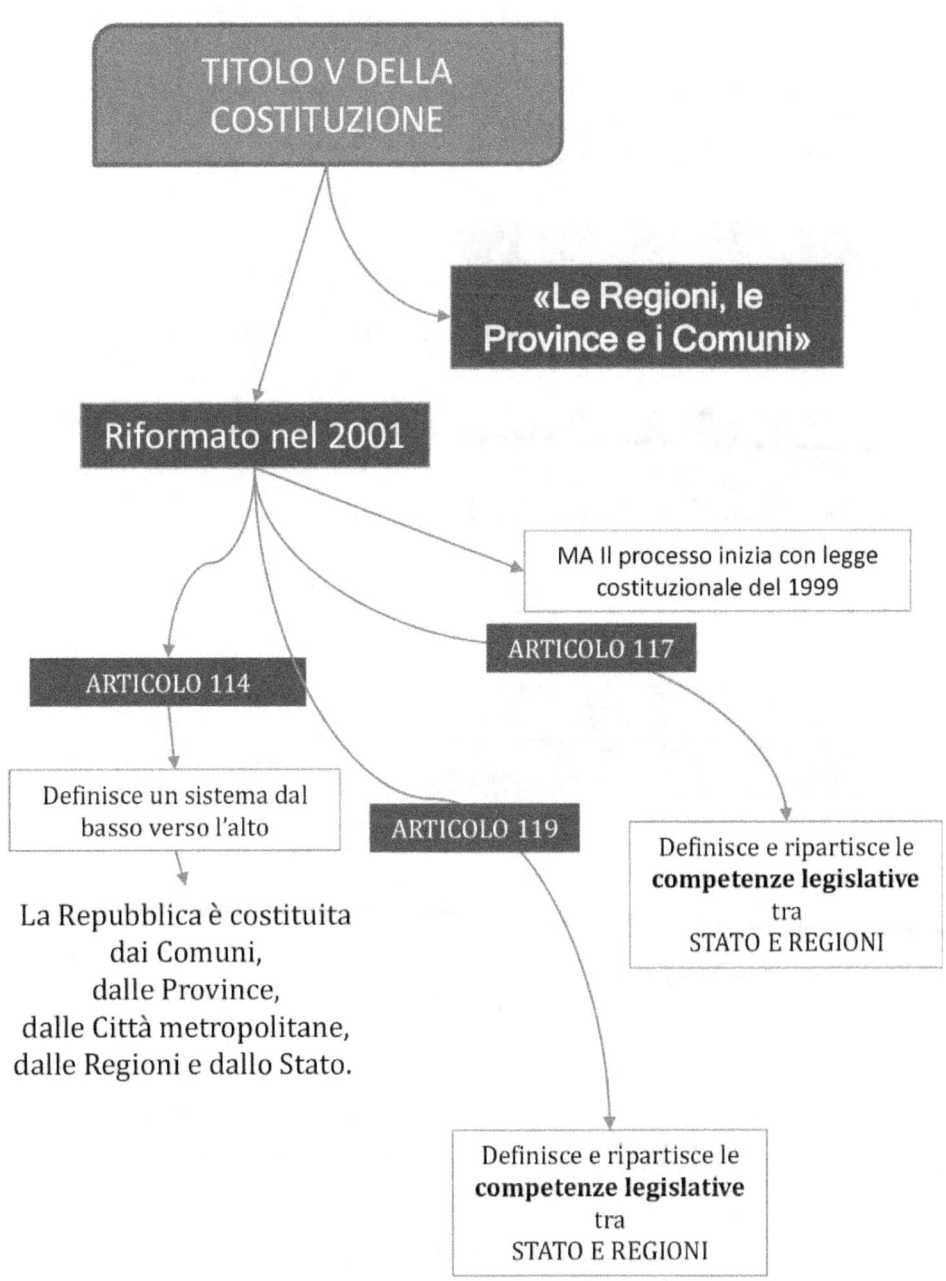

@lemappedipierre

IL PROCESSO DI RIFORMA

Da Costituzione
1970 Legge istitutiva delle Regioni

Legge Bassanini
→ Decentramento amministrativo

Legge Costituzionale 1/1999
→ Elezione diretta Presidenti di Regione

Riforma Titolo V
→ Centralità delle regioni
Potestà legislativa

Applicato attraverso

→ L. 131/2003, c.d. Legge La Loggia, ha adeguato l'ordinamento della Repubblica al disposto del Titolo V

→ L. 42/2009, Legge sul federalismo fiscale

→ L. 234/2012, la quale contiene le norme generali italiane per la partecipazione al processo europeo

5. ELEMENTI COSTITUTIVI E SISTEMA DI GOVERNO REGIONALE

> Art. 114 La Repubblica è costituita dai Comuni, dalle Province, dalle Città metropolitane, dalle Regioni [cfr. art. 131] e dallo Stato.
> I Comuni, le Province, le Città metropolitane e le Regioni sono enti autonomi con propri statuti, poteri e funzioni secondo i princìpi fissati dalla Costituzione.
> Roma è la capitale della Repubblica. La legge dello Stato disciplina il suo ordinamento.

Lo status di Roma Capitale è sancito con la L. 42/2009, sul federalismo fiscale, e dal D. Lgs. 156/2010 che tratta l'ordinamento di Roma Capitale.

ELEMENTI COSTITUTIVI DELLE REGIONI

a) il territorio, non è solo un ambito spaziale ma è centro di riferimento degli interessi comunitari che gli organi istituzionali devono soddisfare. Per quanto riguarda la regione, la dimensione territoriale coincide con la terraferma, rimanendo esclusi il mare territoriale, il sottosuolo e lo spazio aereo sovrastante.

b) la popolazione, che si identifica con quella dei Comuni compresi nel territorio regionale. La comunità locale vanta numerosi diritti di partecipazione alla vita politica regionale, enunciati dalla Costituzione e dagli Statuti.

c) l'apparato autoritario, la Regione dispone di propri organi (Consiglio Regionale, Giunta Regionale e Presidente) espressamente previsti dalla Costituzione, che esercitano le funzioni amministrativa e legislativa (anche regolamentare), ma non giudiziaria, la quale rimane in capo allo Stato.

@lemappedipierre

ELEMENTI COSTITUTIVI DELLE

Sono tre

Popolazione
si identifica con quella dei Comuni compresi nel territorio regionale

Territorio
centro di riferimento degli interessi comunitari che gli organi istituzionali devono soddisfare

Apparato autoritario
la Regione dispone di propri organi previsti dalla Costituzione, che esercitano le funzioni amministrativa e legislativa (ma non giudiziaria)

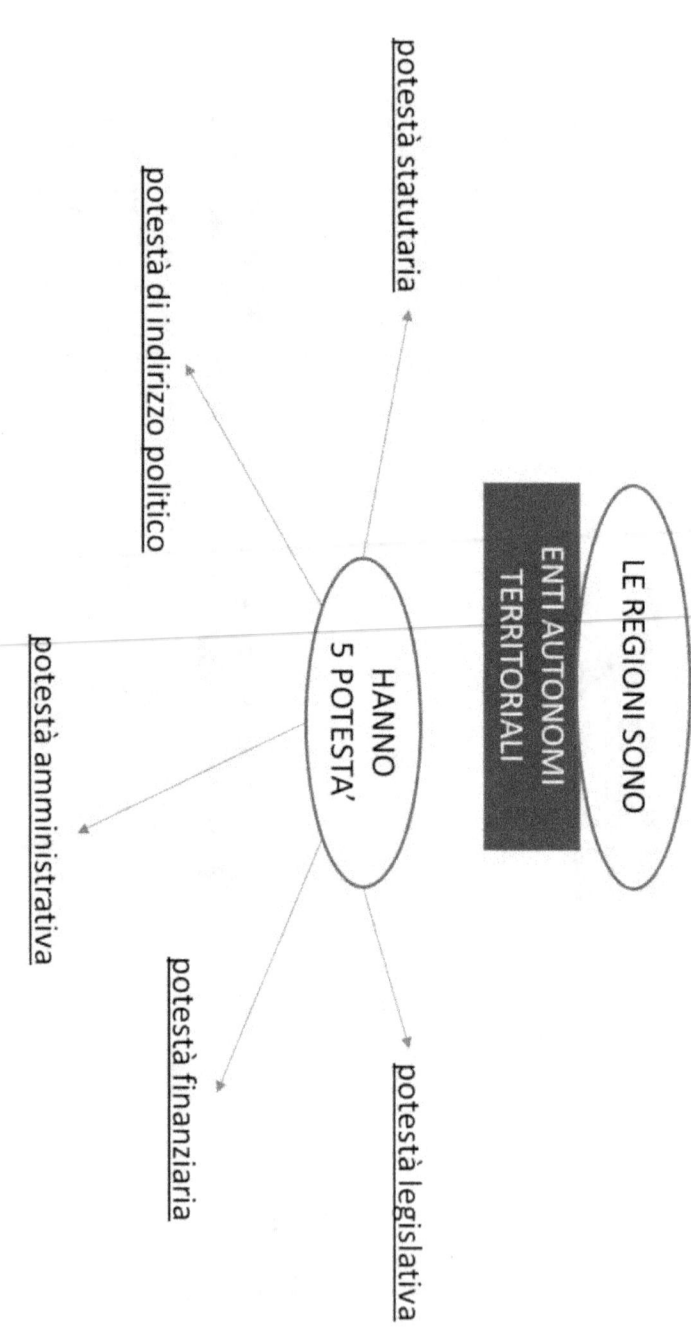

6. IL SISTEMA DI GOVERNO REGIONALE

Il sistema di governo Regionale è composto dai seguenti organi: Consiglio Regionale, Giunta Regionale e Presidente della Giunta

6.1 CONSIGLIO REGIONALE

1) Funzioni: è il massimo organo deliberativo-rappresentativo della Regione. Presenta varie funzioni, tra cui:
- Legislativa. Il Consiglio regionale esplica le funzioni legislative sulle materie di competenza regionale. In particolare legifera sulle materie su cui la Regione ha competenza esclusiva, e in quelle su cui la Regione ha competenza complementare riguardo a quella dello Stato, rispetto alle quali legifera nei limiti e nei modi stabiliti dalla legge ordinaria (art. 117 cost.). Il Consiglio ha potere di iniziativa legislativa ordinaria, in quanto ha la facoltà di presentare al Parlamento, proposte di legge anche per materie per le quali non ha competenza, ma che hanno rilevanza per la Regione. Spetta al Consiglio regionale, l'approvazione e la modifica dello Statuto regionale.
- Di controllo. Il Consiglio regionale esplica funzioni di controllo sull'operato del Presidente della Giunta regionale e della Giunta regionale. In particolare il Consiglio approva, entro il 31 dicembre di ogni anno, il bilancio di previsione della Regione redatto dalla giunta. In mancanza di tale approvazione, tramite legge regionale, il Consiglio regionale, può autorizzare la giunta ed il presidente, all'esercizio provvisorio. Sempre il Consiglio approva, entro il 31 luglio di ogni anno, il bilancio consuntivo della Regione per l'esercizio dell'anno precedente (ad esempio entro il 31 luglio del 2000 si doveva approvare il bilancio consuntivo del 1999).
- Amministrativa.
- Di indagine e di inchiesta. Queste funzioni, svolte su materie di interesse regionale, vengono normalmente svolte tramite delle commissioni consiliari, appositamente costituite.

6. IL SISTEMA DI GOVERNO REGIONALE

> Il sistema di governo Regionale è composto dai seguenti organi: Consiglio Regionale, Giunta Regionale e Presidente della Giunta

6.1 CONSIGLIO REGIONALE

1) Funzioni: è il massimo organo deliberativo-rappresentativo della Regione. Presenta varie funzioni, tra cui:
- Legislativa. Il Consiglio regionale esplica le funzioni legislative sulle materie di competenza regionale. In particolare legifera sulle materie su cui la Regione ha competenza esclusiva, e in quelle su cui la Regione ha competenza complementare riguardo a quella dello Stato, rispetto alle quali legifera nei limiti e nei modi stabiliti dalla legge ordinaria (art. 117 cost.). Il Consiglio ha potere di iniziativa legislativa ordinaria, in quanto ha la facoltà di presentare al Parlamento, proposte di legge anche per materie per le quali non ha competenza, ma che hanno rilevanza per la Regione. Spetta al Consiglio regionale, l'approvazione e la modifica dello Statuto regionale.
- Di controllo. Il Consiglio regionale esplica funzioni di controllo sull'operato del Presidente della Giunta regionale e della Giunta regionale. In particolare il Consiglio approva, entro il 31 dicembre di ogni anno, il bilancio di previsione della Regione redatto dalla giunta. In mancanza di tale approvazione, tramite legge regionale, il Consiglio regionale, può autorizzare la giunta ed il presidente, all'esercizio provvisorio. Sempre il Consiglio approva, entro il 31 luglio di ogni anno, il bilancio consuntivo della Regione per l'esercizio dell'anno precedente (ad esempio entro il 31 luglio del 2000 si doveva approvare il bilancio consuntivo del 1999).
- Amministrativa.
- Di indagine e di inchiesta. Queste funzioni, svolte su materie di interesse regionale, vengono normalmente svolte tramite delle commissioni consiliari, appositamente costituite.

- Di indirizzo politico. La maggior parte degli statuti delle regioni ordinarie attribuisce al Consiglio il potere di determinare l'indirizzo politico ed amministrativo della regione.

2) Elezioni: Con la Legge costituzionale n. 1/1999, ai sensi del rinnovato art. 122 della Costituzione, il sistema elettorale regionale è rimesso alla disciplina delle singole regioni nel rispetto dei principi fondamentali stabiliti dalla legge dello Stato. I Consiglieri sono eletti dai cittadini italiani residenti nella Regione che siano maggiorenni entro il primo giorno dell'elezione; sono eletti senza alcun vincolo di mandato. È previsto un sistema di elezione proporzionale con premio di maggioranza (introdotto con la legge 43/1995, valida per le regioni ordinarie), per cui è stabilito un premio variabile di un certo numero di consiglieri, il cui effetto è quello di attribuire alla coalizione dei partiti vincente sempre la maggioranza dei consiglieri in seno al Consiglio regionale.

La legge determina i casi di esclusione dall'elettorato attivo e da quello passivo, nonché la disciplina dei subentri.

Ineleggibilità, principi: **sussiste l'ineleggibilità** qualora l'attività o le funzioni svolte dal candidato possano turbare la libera decisione di voto o violare la parità di accesso alle cariche elettive; **inefficacia delle cause di ineleggibilità**, per cessazione o sospensione; **attribuzione ai Consigli Regionali della competenza** a decidere sulle cause di ineleggibilità; due mandati e non immediata rieleggibilità del Presidente;

Incompatibilità, principi: **sussistenza** legata a conflitto di funzioni tali da poter compromettere il buon andamento e l'imparzialità, vale anche per Presidente e Giunta; eventuale incompatibilità assessore e consigliere; caso di lite; **attribuzione decisione** ai Consigli regionali; **termini** di fissazione 30 giorni.

Incandidabilità, le cause sono riservate a legislazione esclusiva dello Stato, perché rappresenta una inidoneità assoluta alla carica elettiva determinata da carattere oggettivo che esclude capacità di elettorato passivo: condanna definitiva per associazione mafiosa o traffico di stupefacenti; condanna definitiva per reati contro la PA; condanna di sei o più mesi di reclusione dovuti ad abuso di pubblici poteri/esercizio funzione pubblica; almeno 2 anni di condanna per delitto non colposo;

destinatario di misure di prevenzione; appartenenza ad una associazione di stampo mafioso.

3) Numero di consiglieri: fissato inizialmente tra 30 e 80, ma poi ridotto per *spending review* con L. 148/2011 tra 20 e 80. Le Regioni a Statuto speciale scelgono il numero. Durano in carica 5 anni. **Status di consigliere**: insindacabilità, nessun vincolo di mandato, trattamento economico che assicuri indipendenza. Infine, non gode dell'immunità penale.

6.2 GIUNTA REGIONALE

Organo esecutivo della Regione, connessa al Consiglio Regionale da un rapporto di fiducia. Il Presidente della Giunta ha il potere di nomina e revoca dei componenti.

1) Funzioni. Competenza amministrativa generale, che si manifesta nella esplicazione di tutte quelle attività amministrative che non sono specificamente assegnate ad altri organi, in particolare: ha iniziativa politica e presenta al Consiglio Regionale i Disegni di Legge; esercita la potestà regolamentare laddove ciò risulti essere previsto dagli Statuti; provvede alla gestione dell'Ente, dirige l'attività degli uffici regionali e amministra il patrimonio; predispone il bilancio preventivo, il conto consuntivo e i programmi di sviluppo regionale; delibera, sentito il Consiglio Regionale, sulla promozione dei ricorsi di legittimità costituzionale e sui conflitti di attribuzione. Può, in casi di urgenza, sostituirsi al Consiglio Regionale, salva ratifica.

2) Elezione. I membri della giunta sono nominati dal presidente della Regione, il quale li può scegliere sia tra componenti eletti al Consiglio regionale sia tra persone non elette a far parte del Consiglio. La giunta, in quanto nominata dal presidente della Regione, non deve più ottenere la fiducia del Consiglio regionale.

3) Mandato. La Giunta, in virtù del rapporto fiduciario con il Presidente della Regione, rimane in carica per il tempo in cui rimane in carica il Presidente. Nei casi normali la Giunta rimane in carica per i cinque anni della legislatura regionale. In tutti i casi di revoca o decadenza del mandato del Presidente della Regione (mozione di sfiducia, impedimento permanente, morte, dimissioni), la Giunta decade e con essa anche il Consiglio Regionale.

6.3 PRESIDENTE DELLA GIUNTA

Il Presidente della Giunta è al contempo Presidente della Regione, e come tale preposto a un organo monocratico dell'ente, e Presidente (oltre che membro) di un organo collegiale del medesimo ente, la Giunta regionale.
Eletto a suffragio universale e diretto, salvo diversa disposizione dello Statuto regionale (L. cost. 2/2001).
1) Funzioni. Secondo l'art. 121 della Costituzione il Presidente della Giunta rappresenta la Regione; dirige la politica della Giunta e ne è responsabile; promulga le leggi ed emana i regolamenti regionali; dirige le funzioni amministrative delegate dallo Stato alla regione, conformandosi alle istruzioni del Governo della Repubblica. Ha, quindi, a livello regionale un ruolo paragonabile a quello di capo del governo. In tutte le regioni il Presidente è, inoltre, membro del Consiglio Regionale.
2) Mandato. Se eletto dai cittadini, il Presidente della regione rimane in carica per l'intera durata della legislatura, fissata in cinque anni (art. 5 della legge n. 165/2004). Tuttavia il mandato presidenziale può cessare prima di tale termine, oltre che innanzi a dimissioni volontarie o morte, in due casi, previsti entrambi dall'art. 126 della Costituzione.
3) Ipotesi di cessazione: mozione di sfiducia a maggioranza assoluta, rimozione/dimissioni volontarie, impedimento permanente o morte; nonché, dimissioni contestuali della maggioranza dei componenti del Consiglio.

6.4 IL DIFENSORE CIVICO REGIONALE

Il difensore civico si configura come un organo di controllo del buon andamento dell'amministrazione regionale. Generalmente designato dal Consiglio Regionale con maggioranza qualificata, dura in carica 5 anni.

6.5 IL CONTROLLO DELLO STATO SU FUNZIONALITÀ DEGLI ORGANI

> Art. 126 Cost.. Con decreto motivato del Presidente della Repubblica sono disposti lo scioglimento del Consiglio regionale e la rimozione del Presidente della Giunta che abbiano compiuto **atti contrari alla Costituzione** o **gravi violazioni di legge**. Lo scioglimento e la rimozione possono altresì essere disposti per **ragioni di sicurezza nazionale**. Il decreto è adottato sentita una **Commissione di deputati e senatori costituita, per le questioni regionali**, nei modi stabiliti con legge della Repubblica.

@lemappedipierre

IL SISTEMA DI GOVERNO REGIONALE

TRE ORGANI

PRESIDENTE

È al tempo stesso Presidente della Giunta e Presidente della Regione

GIUNTA

Organo esecutivo
Nominato dal Presidente

CONSIGLIO REGIONALE

Organo deliberativo
Ha funzione legislativa

@lemappedipierre

IL CONSIGLIO

FUNZIONI

LEGISLATIVA
DI CONTROLLO
AMMINISTRATIVA
DI INDAGINE E DI INCHIESTA

ELEZIONI

Sistema proporzionale con premio di maggioranza

ELETTORATO PASSIVO

INELEGGIBILITA'
INCOMPATIBILITA'
INCADIDABILITA'

è nominata dal Presidente

Mandato: dura al massimo cinque anni ma il rapporto fiduciario con il presidente può portare a revoca

LA GIUNTA

Potere esecutivo

iniziativa politica
esercita la potestà regolamentare laddove ciò risulti essere previsto dagli Statuti;
provvede alla gestione dell'Ente,
dirige l'attività degli uffici regionali e amministra il patrimonio; predispone il bilancio preventivo, il conto consuntivo e i programmi di sviluppo regionale;
delibera, sentito il Consiglio Regionale, sulla promozione dei ricorsi di legittimità costituzionale e sui conflitti di attribuzione. Può, in casi di urgenza, sostituirsi al Consiglio Regionale, salva ratifica

7. I POTERI DELLE REGIONI

@lemappedipierre

POTESTA' STATUTARIA

Nelle regioni a statuto speciale → è approvato attraverso legge costituzionale

Nelle regioni a statuto ordinario → è approvato attraverso un procedimento rafforzato (due votazioni) e rappresenta una FONTE DI DIRITTO PRIMARIO Nell'ambito territoriale nel quale è emanato

POTESTÀ LEGISLATIVA

- **Potestà legislativa esclusiva dello Stato**
- **Potestà legislativa concorrente**
- **Potestà legislativa residuale delle Regioni**

LIMITI

Costituzione, Ordinamento UE e obblighi internazionali; principi fondamentali espressi nella Costituzione; principio della riserva di legge e limite delle materie; norme fondamentali delle riforme economico-sociali e dei principi generali dell'ordinamento giuridico dello Stato

```
                    nelle materie di
                       legislazione
                       concorrente


                              nelle materie di
                              legislazione residuale


    POTESTA'
    REGOLAMANTARE


              nelle materie di legislazione
              esclusiva statale laddove lo Stato
              abbia delegato alle Regioni la
              formazione secondaria
```

@lemappedipierre

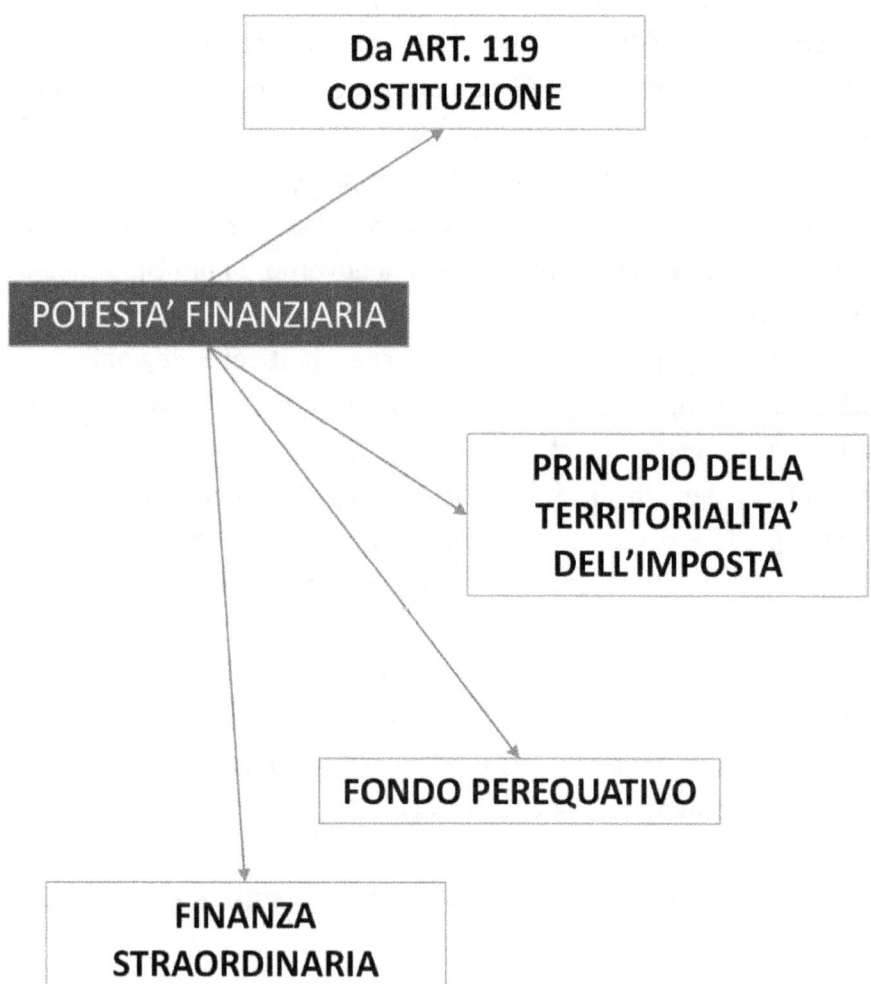

Le **REGIONI** in quanto enti autonomi territoriali sono dotati di:
1. potestà di indirizzo politico, anche diverso da quello nazionale, rappresenta il fine che la Regione intende perseguire in un determinato momento storico;
2. potestà statutaria, possibilità per ciascuna Regione ordinaria di adottare con legge regionale uno Statuto che, in armonia con la Costituzione, ne determina la forma di governo e i principi fondamentali di organizzazione e funzionamento;
3. potestà legislativa, che prevede che spetti alle Regioni la potestà legislativa in riferimento ad ogni materia non espressamente riservata alla legislazione dello Stato;
4. potestà amministrativa, ossia il potere attribuito dallo Stato alle Regioni, alle Province e ai Comuni, di imporre tributi nonché di attivare tutte le procedure (accertamento, riscossione ecc.) per una loro corretta e legale applicazione;
5. potestà finanziaria, che prevede che I Comuni, le Province, le Città Metropolitane e le Regioni abbiano autonomia finanziaria di entrata e di spesa. Tale autonomia è formalmente riconosciuta a tutti gli enti territoriali in misura eguale.

7.1 LA POTESTÀ STATUTARIA

Ex art. 114 Cost.: laddove definisce **le Regioni quali enti autonomi con propri Statuti, funzioni, poteri.**
Le **Regioni a Statuto speciale** 'dispongono di forme e condizioni particolari di autonomia, secondo i rispettivi statuti speciali adottati con legge costituzionale'. Ai sensi dell'art. 116 Cost. si desume il carattere formalmente e sostanzialmente costituzionale di tali Statuti.

Statuti ordinari: Lo statuto è approvato e modificato dal Consiglio regionale con legge approvata a maggioranza assoluta dei suoi componenti, con due deliberazioni successive adottate ad intervallo non minore di due mesi. Per tale legge non è richiesta l'apposizione del visto da parte del Commissario del Governo.
Lo Statuto ordinario è la fonte primaria regionale, gerarchicamente subordinata alla Costituzione. L'articolo 123 della Costituzione prevede per lo Statuto un contenuto "necessario" che va a disciplinare e regolamentare una serie di norme che vanno a definire la forma di governo, il diritto di iniziativa e del Referendum su leggi regionali e provvedimenti amministrativi, nonché la pubblicazioni delle leggi regionali e dei regolamenti regionali, la modalità di elezione degli organi principali dello statuto, e le modalità di elezione del Presidente della Giunta regionale (vedi artt. 121-126 Cost), gli organi, i rapporti tra di loro e le rispettive competenze (vedi art. 121 Cost). Non si possono determinare negli Statuti: gli organi della Regione e le competenze, (fissati già dall'art. 121 Cost.) e il sistema elettorale e la durata degli organi elettivi.
Statuti speciali: Lo statuto speciale è adottato con legge costituzionale, così come ogni sua modifica. Le Regioni a Statuto Speciale presentano autonomia legislativa, amministrativa e finanziaria.

7.2 LA POTESTÀ LEGISLATIVA

Con la Riforma del titolo V è stata disciplinata:
- **Potestà legislativa esclusiva dello Stato.** Esclusivamente lo Stato avrà la possibilità di legiferare relativamente a determinate materie;
- **Potestà legislativa concorrente.** Ai sensi della quale 'Nelle materie di legislazione concorrente spetta alle Regioni la potestà legislativa, salvo che per la determinazione dei princìpi fondamentali, riservata alla legislazione dello Stato'.
- **Potestà legislativa residuale delle Regioni.** Spetta alle Regioni la potestà legislativa in riferimento ad ogni materia non espressamente riservata alla legislazione dello Stato.
- **Potestà legislativa delle Regioni a Statuto Speciale.** Tale potestà è suddivisa in tre tipologie: potestà piena ed esclusiva; potestà ripartita o concorrente; potestà integrativo-attuativa, nelle materie previste dai rispettivi Statuti.

Regionalismo differenziato: a ciascuna Regione viene concessa la possibilità (ex art. 117, comma III, Cost.) di negoziare con lo Stato forme e condizioni particolari di autonomia, con effetti soprattutto sul piano amministrativo e finanziario.

Limiti dell'attività regionale sono posti da: Costituzione, Ordinamento UE e obblighi internazionali; principi fondamentali espressi nella Costituzione; principio della riserva di legge e limite delle materie; norme fondamentali delle riforme economico-sociali e dei principi generali dell'ordinamento giuridico dello Stato.

Procedimento iniziativa legislativa disciplinata dallo Statuto che può affidarla: alla Giunta (eventualmente riservandole alcune leggi), ai singoli consiglieri, agli elettori, ai Consiglieri Provinciali e Comunali, al C.A.L. e a formazioni sociali. **Istruttoria** è svolta da Commissioni permanenti e la **fase deliberativa** si svolgerà in assemblea regionale.

ABOLIZIONE CONTROLLI SU LEGGI E ATTI REGIONALI

Dalla riforma del Titolo V della Costituzione si è altresì assistito: all'abolizione dei controlli su leggi e atti regionali; alla soppressione del sindacato preventivo di legittimità nella forma del visto commissariale; alla possibilità da parte del Governo di eccepire entro 60 giorni dalla pubblicazione delle leggi sotto il profilo della legittimità costituzionale "quando ecceda la competenza regionale".

LEGISLAZIONE ESCLUSIVA	LEGISLAZIONE CONCORRENTE
a) politica estera e rapporti internazionali dello Stato; rapporti dello Stato con l'Unione europea; diritto di asilo e condizione giuridica dei cittadini di Stati non appartenenti all'Unione europea; b) immigrazione; c) rapporti tra la Repubblica e le confessioni religiose; d) difesa e Forze armate; sicurezza dello Stato; armi, munizioni ed esplosivi; e) moneta, tutela del risparmio e mercati finanziari; tutela della concorrenza; sistema valutario; sistema tributario e contabile dello Stato; armonizzazione dei bilanci pubblici; perequazione delle risorse finanziarie; f) organi dello Stato e relative leggi elettorali; referendum statali; elezione del Parlamento europeo; g) ordinamento e organizzazione amministrativa dello Stato e degli enti pubblici nazionali; h) ordine pubblico e sicurezza, ad	rapporti internazionali e con l'Unione europea delle Regioni; commercio con l'estero; tutela e sicurezza del lavoro; istruzione, salva l'autonomia delle istituzioni scolastiche e con esclusione della istruzione e della formazione professionale; professioni; ricerca scientifica e tecnologica e sostegno all'innovazione per i settori produttivi; tutela della salute; alimentazione; ordinamento sportivo; protezione civile; governo del territorio; porti e aeroporti civili; grandi reti di trasporto e di navigazione; ordinamento della comunicazione; produzione, trasporto e distribuzione nazionale dell'energia; previdenza complementare e integrativa; coordinamento della finanza pubblica e del sistema tributario; valorizzazione dei beni culturali

esclusione della polizia amministrativa locale; i) cittadinanza, stato civile e anagrafi; l) giurisdizione e norme processuali; ordinamento civile e penale; giustizia amministrativa; m) determinazione dei livelli essenziali delle prestazioni concernenti i diritti civili e sociali che devono essere garantiti su tutto il territorio nazionale; n) norme generali sull'istruzione; o) previdenza sociale; p) legislazione elettorale, organi di governo e funzioni fondamentali di Comuni, Province e Città metropolitane; q) dogane, protezione dei confini nazionali e profilassi internazionale; r) pesi, misure e determinazione del tempo; coordinamento informativo statistico e informatico dei dati dell'amministrazione statale, regionale e locale; opere dell'ingegno; s) tutela dell'ambiente, dell'ecosistema e dei beni culturali.

e ambientali e promozione e organizzazione di attività culturali; casse di risparmio, casse rurali, aziende di credito a carattere regionale; enti di credito fondiario e agrario a carattere regionale.

7.3 POTESTÀ REGOLAMENTARE ED ESERCIZIO DELLE FUNZIONI AMMINISTRATIVE

Le Regioni sono titolari di potestà regolamentare:
- nelle materie di legislazione concorrente ex art. 117 Cost.
- nelle materie di legislazione residuale ex art. 117 Cost.
- nelle materie di legislazione esclusiva statale laddove lo Stato abbia delegato alle Regioni la formazione secondaria.

Decide lo Statuto se attribuire tale potestà al Consiglio Regionale o alla Giunta e quale procedimento adottare.

> **Da regola del parallelismo a sussidiarietà verticale**
> **Inversione della regola del parallelismo**, secondo cui il soggetto che dettava la disciplina in un determinato ambito oggettivo ne curava necessariamente anche l'attuazione a livello amministrativo. **Invece con art. 118, comma I, Cost.** 'la titolarità generale delle funzioni amministrative è in capo ai Comuni e, qualora lo impongano esigenze di unitarietà, a Province, Città metropolitane, Regioni e Stato". Si passa, quindi, alla c.d. **sussidiarietà verticale**.
> **Principio di adeguatezza** in relazione al quale l'amministrazione ricevente deve possedere idonea struttura organizzativa (anche in forma associata con altri enti).
> **Principio di differenziazione,** l'allocazione delle funzioni deve tenere conto delle diverse caratteristiche degli enti riceventi.

Agli enti locali le funzioni amministrative vanno conferite con Legge statale o regionale.
Sussidiarietà orizzontale: l'art. 118, comma 4, Cost. prevede che Stato, Regioni, Città metropolitane, Province e Comuni favoriscono l'autonoma iniziativa dei cittadini, singoli e associati, per lo svolgimento di attività di interesse generale, sulla base del principio di sussidiarietà. La sussidiarietà orizzontale si svolge, infatti, nell'ambito del rapporto tra autorità e libertà e si basa sul presupposto secondo cui alla cura dei bisogni collettivi e alle attività di interesse generale provvedono direttamente i privati cittadini (sia come singoli, sia come associati) e i

pubblici poteri intervengono in funzione 'sussidiaria', di programmazione, di coordinamento ed eventualmente di gestione.

Il controllo statale sugli atti amministrativi regionali (c.d. Legge Bassanini, L. 127/1997), vale solo per due tipologie di atti: regolamenti regionali (salvo quelli organizzativi funzionali e contabili) e atti costituenti derivanti da appartenenza UE. Resta salvo **il potere sostitutivo dello Stato** (norme internazionali, sicurezza, unità giuridica e economica, livelli essenziali diritti civili e sociali).

7.3 POTESTÀ REGOLAMENTARE ED ESERCIZIO DELLE FUNZIONI AMMINISTRATIVE

Le Regioni sono titolari di potestà regolamentare:
- nelle materie di legislazione concorrente ex art. 117 Cost.
- nelle materie di legislazione residuale ex art. 117 Cost.
- nelle materie di legislazione esclusiva statale laddove lo Stato abbia delegato alle Regioni la formazione secondaria.

Decide lo Statuto se attribuire tale potestà al Consiglio Regionale o alla Giunta e quale procedimento adottare.

Da regola del parallelismo a sussidiarietà verticale

Inversione della regola del parallelismo, secondo cui il soggetto che dettava la disciplina in un determinato ambito oggettivo ne curava necessariamente anche l'attuazione a livello amministrativo. **Invece con art. 118, comma I, Cost.** 'la titolarità generale delle funzioni amministrative è in capo ai Comuni e, qualora lo impongano esigenze di unitarietà, a Province, Città metropolitane, Regioni e Stato". Si passa, quindi, alla c.d. **sussidiarietà verticale.**

Principio di adeguatezza in relazione al quale l'amministrazione ricevente deve possedere idonea struttura organizzativa (anche in forma associata con altri enti).

Principio di differenziazione, l'allocazione delle funzioni deve tenere conto delle diverse caratteristiche degli enti riceventi.

Agli enti locali le funzioni amministrative vanno conferite con Legge statale o regionale.

Sussidiarietà orizzontale: l'art. 118, comma 4, Cost. prevede che Stato, Regioni, Città metropolitane, Province e Comuni favoriscono l'autonoma iniziativa dei cittadini, singoli e associati, per lo svolgimento di attività di interesse generale, sulla base del principio di sussidiarietà. La sussidiarietà orizzontale si svolge, infatti, nell'ambito del rapporto tra autorità e libertà e si basa sul presupposto secondo cui alla cura dei bisogni collettivi e alle attività di interesse generale provvedono direttamente i privati cittadini (sia come singoli, sia come associati) e i pubblici poteri intervengono in funzione 'sussidiaria', di programmazione, di coordinamento ed eventualmente di gestione.

Il controllo statale sugli atti amministrativi regionali (c.d. Legge Bassanini, L. 127/1997), vale solo per due tipologie di atti: regolamenti regionali (salvo quelli organizzativi funzionali e contabili) e atti costituenti derivanti da appartenenza UE. Resta salvo **il potere sostitutivo dello Stato** (norme internazionali, sicurezza, unità giuridica e economica, livelli essenziali diritti civili e sociali).

7.4 LA POTESTÀ FINANZIARIA

> **Art. 119**
> I Comuni, le Province, le Città metropolitane e le Regioni hanno **autonomia finanziaria di entrata e di spesa, nel rispetto dell'equilibrio dei relativi bilanci, e concorrono ad assicurare l'osservanza dei vincoli economici e finanziari derivanti dall'ordinamento dell'Unione europea.**
> I Comuni, le Province, le Città metropolitane e le Regioni hanno risorse autonome. **Stabiliscono e applicano tributi ed entrate propri**, in armonia con la Costituzione e secondo i princìpi di coordinamento della finanza pubblica e del sistema tributario. **Dispongono di compartecipazioni al gettito di tributi erariali riferibile al loro territorio.**
> La legge dello Stato istituisce un **fondo perequativo**, senza vincoli di destinazione, per i territori con minore capacità fiscale per abitante.

Sulla potestà finanziaria è intervenuta la Riforma del Titolo V della Costituzione ma anche il Fiscal Compact europeo e la Legge Costituzionale n. 1/2012.
L'autonomia finanziaria è ora esplicitamente attribuita ai Comuni, alle Province, alle Città metropolitane e alle Regioni.
L'autonomia finanziaria si concretizza in una autonomia di entrata e di spesa (prima solo autonomia di spesa).
L'autonomia di entrata è rafforzata dall'art. 119, comma 3, Cost..
La legislazione può comunque imporre vincoli alle politiche di bilancio regionale.
In materia di potestà finanziaria ci sono dei concetti che devono essere meglio chiariti:
Principio della territorialità dell'imposta. Il principio di imputazione territoriale del reddito prevede che un soggetto o un ente si veda assoggettare a tassazione soltanto i redditi che derivano da fonte residente in quel Paese. La tassazione dei redditi avviene, sostanzialmente, in base alla localizzazione dei redditi nello Stato. I Paesi che adottano il sistema di tassazione territoriale applicano una imposizione fiscale ai soggetti passivi di imposta, persone fisiche o aziende, che producono profitto all'interno dei confini nazionali.

Fondo perequativo. È uno strumento che mira a mitigare le diseguaglianze tra Regioni i cui abitanti presentano differenti capacità fiscale, al fine di garantire gli stessi standard di prestazione nell'erogazione dei servizi di competenza, nonostante gli squilibri economico-sociali: il fondo è istituito senza vincolo di destinazione ed è finanziato da quote di entrate tributarie.

Finanza straordinaria. La quale, cioè, può intervenire a favore di determinate Regioni (ovvero città o altri enti locali) che versino in situazioni precise, definite oggi secondo gli *standard* individuati dalla Comunità Europea nel destinare fondi strutturali. I trasferimenti aggiuntivi si caratterizzano perché:
- sono risorse assegnate solo ad alcune Regioni (o altri enti);
- non sono necessariamente destinate al mezzogiorno;
- hanno un vincolo di destinazione.

Si ricordi, inoltre, che "Le risorse derivanti dalle fonti di cui ai commi precedenti consentono ai Comuni, alle Province, alle Città metropolitane e alle Regioni di finanziare integralmente le funzioni pubbliche loro attribuite." Ciò al fine di evitare che lo Stato attribuisca sempre maggiori funzioni alle Regioni senza provvedere, d'altro canto, ad adeguate risorse. Con la riforma, inoltre, viene attribuito un patrimonio sia alle Regioni (già presente) che agli Enti locali. Infine, viene rimosso il concetto di 'demanio'.

7.4. 1 IL FEDERALISMO FISCALE - LEGGE 42/2009

Tale legge assicura autonomia di entrata e di spesa degli Enti territoriali, garantisce i principi di solidarietà e di coesione sociale; sostituisce gradualmente il concetto di spesa storica con quello di **fabbisogno standard**; indica i principi del coordinamento della finanza pubblica e stabilisce e disciplina il funzionamento del fondo perequativo.

PRINCIPI GENERALI della LEGGE FEDERALISMO FISCALE
Autonomia di entrata e di spesa;
Lealtà istituzionale:
Razionalità e coerenza dei singoli tributi, semplificazione generale del sistema tributario;
Attribuzione risorse autonome a Enti locali e Regioni;
Determinazione del **costo e del fabbisogno standard** quale costo e fabbisogno che, valorizzando l'efficacia e l'efficienza, costituisce l'indicatore rispetto cui valutare e comparare l'azione pubblica;
Patto di stabilità diffuso;
Armonizzazione dei bilanci pubblici, coerenti con il bilancio di Stato;
Obbligo di pubblicazione su siti internet dei bilanci delle autonomie territoriali;
Rispetto della ripartizione delle competenze legislative.

Si prevede anche che la Legge regionale possa stabilire nuovi tributi regionali e locali, nonché variare le aliquote locali.

Inoltre, sono previsti strumenti di premialità per comportamenti virtuosi.

Decreti attuativi: nn. 85/2010, 156/2010 e 216/2010. Inoltre mediante:
D.L. n. 68/2011: riforma del sistema impositivo delle Regioni, soppressione, a partire dall'anno 2013, di tutti i contributi statali di parte corrente ad eccezione del fondo perequativo; rafforzamento della capacità impositiva delle Regioni, da realizzarsi soprattutto attraverso l'addizionale IRPEF; compartecipazione IVA e possibilità di istituire nuovi contributi.
D. LGS. n. 85/2010: introdotto il c.d. FEDERALISMO DEMANIALE con inizio di trasferimento al demanio.

8. I RAPPORTI TRA DIVERSI LIVELLI DI GOVERNO

I rapporti tra lo Stato e le Regioni sono disciplinati in base al principio costituzionale della **leale collaborazione**. In Italia il principio di leale collaborazione è un principio generale di origine comunitaria, che ha trovato esplicito riconoscimento nel riformato art. 120, comma 2°, del titolo V della Costituzione. Si ha attuazione del principio di leale collaborazione in tutti quei casi in cui esigenze unitarie e/o di tutela delle autonomie impongano forme di raccordo fra i diversi livelli di governo, oltre che nei casi in cui la legge (primaria o costituzionale) attribuisca ad Enti diversi competenze interferenti nell'esercizio di una determinata funzione, ovvero riconosca la titolarità di una funzione in capo ad un Ente, ovvero ancora preveda la facoltà per più Enti di raccordarsi per il migliore esercizio delle loro funzioni.

Il modello di regionalismo cooperativo poggia sulla base della necessaria integrazione delle competenze e, dunque, sull'idea per cui Stato e Regioni possano - in spirito di leale cooperazione - concorrere a vicenda all'esercizio delle rispettive funzioni.

L'esigenza di assicurare al sistema delle autonomie, e in primo luogo alle Regioni, una effettiva partecipazione a quelle decisioni di livello nazionale, di carattere normativo, ma anche amministrativo, destinate ad incidere sull'esercizio delle loro competenze è oggi soddisfatta soprattutto dall'istituzione di tre organi: la conferenza Stato-Regioni (istituita con d.P.C.M. 12 ottobre 1983 e successivamente disciplinata in via legislativa con la l. n. 400/1988 e il d.lgs. n. 281/1997), la conferenza Stato-Città e autonomie locali e la conferenza unificata (disciplinata dal d.lgs. n. 281/1997).

Si tratta del c.d. «sistema delle Conferenze», ovvero di quel complesso sistema di regole che disciplinano i rapporti tra Governo, autonomie regionali e locali che si realizzano appunto in seno ai sopra citati organismi. Vediamole più nel dettaglio:

- **Conferenza Stato-Regioni** partecipa a tutti i processi decisionali di interesse regionale, interregionale ed infraregionale ed è presieduta dal Presidente del Consiglio Regionale ed composta dai Presidenti di Regione, delle Province Autonome di Trento e Bolzano;

- **Conferenza Stato–città ed autonomie locali,** presso la Presidenza del Consiglio dei Ministri, la quale ha compiti di coordinamento, studio, consultazione e raccordo;
- **Conferenza unificata,** è stata istituita con il decreto legislativo n. 281/97 che ne definisce la composizione, i compiti e le modalità organizzative ed operative ed è costituita dalla Conferenza permanente per i rapporti tra lo Stato, le Regioni e le Province autonome e dalla Conferenza Stato-Città ed autonomie locali che si riunisce almeno due volte mese. Partecipa ai processi decisionali che coinvolgono materie di competenza dello Stato e delle Regioni, al fine di favorire la cooperazione tra l'attività statale e il sistema delle autonomie, esaminando le materie e i compiti di comune interesse, svolgendo anche funzioni consultive. E' presieduta dal Presidente del Consiglio dei Ministri o, su sua delega, dal Ministro per gli Affari Regionali ove nominato; ne fanno parte il Ministro dell'economia e finanze, il Ministro delle infrastrutture, il Ministro della salute, il Presidente della Conferenza delle Regioni e Province autonome, il Presidente dell'ANCI, il Presidente dell'UPI. La Conferenza rappresenta la sede in cui Regioni, Province e Comuni "sono chiamate a esprimersi" su tematiche di interesse comune e assume deliberazioni, promuove e sancisce intese ed accordi, esprime pareri e designa rappresentanti.

Commissione parlamentare per le questioni regionali
Tale Commissione presenta una funzione consultiva relativamente a: Decreti Legislativi, Disegni di Legge, documenti di programmazione economico finanziaria, atti di indirizzo e coordinamento.
La cabina di regia nazionale è un organo che opera come struttura di riferimento nazionale per le amministrazioni centrali e regionali al fine di coordinare e promuovere iniziative volte all'utilizzo dei fondi strutturali europei.
I poteri sostitutivi di Stato e Regioni sono di vario tipo, tra questi:
- **Potere sostitutivo straordinario** relativamente a:
    - mancato rispetto di norme e trattati internazionali o della normativa europea;
    - in caso di pericolo grave per l'incolumità e la sicurezza pubblica;

- per la tutela dell'unità giuridica o economica, in particolare a tutela dei livelli essenziali delle prestazioni concernenti i diritti civili e sociali.

- **Sostituzione di tipo legislativo**. Al fine di evitare censure a livello internazionale, lo Stato surroga la Regione in questione.

Il Rappresentante dello Stato per i rapporti con le autonomie
La carica è ricoperta dal Prefetto avente sede nel capoluogo di Regione. Si è istituita tale figura quando è stata eliminata quella del Commissario del Governo. Il prefetto in questione:
- cura le attività dirette ad assicurare il principio di leale collaborazione;
- procede alla tempestiva informazione alla PCM quando serve pronuncia Corte Costituzionale;
- Promuove misure di coordinamento tra Stato e Autonomie locali;
- cura l'esecuzione dei provvedimenti del CdM quando si attiva il potere sostitutivo;
- indice le elezioni regionali, individua i seggi consiliari e ne cura l'assegnazione;
- raccoglie notizie utili per lo svolgimento delle funzioni degli organi statali.

LE REGIONI E IL DIRITTO INTERNAZIONALE
Esecuzione degli obblighi internazionali - il potere di immettere norme di diritto internazionale è riservato dalla Costituzione (Art. 10) e agli organi centrali. Tuttavia, permane la questione relativa alla attuazione. Inizialmente, anche l'attuazione era riservata agli organi centrali, ad oggi tuttavia è in fase di revisione.
Attività promozionali e di mero rilievo internazionale – per queste azioni vi è un coinvolgimento diretto, anche esclusivo, delle singole Regioni.
Costituzionalizzazione del potere estero delle Regioni, prevede che ai sensi della L. cost. 3/2001, in capo alle Regioni vi sia:
- attuazione ed esecuzione degli accordi internazionali;
- attività di mero rilievo internazionale;

- accordi esecutivi ed applicativi di accordi internazionali.

RAPPORTI TRA LE REGIONI E L'UNIONE EUROPEA
Ai sensi dell'art. 117, comma 5, Cost. "Le Regioni e le Province autonome di Trento e Bolzano, nelle materie di loro competenza, partecipano alle decisioni dirette alla formazione degli atti normativi comunitari (**fase ascendente**) e provvedono all'attuazione e all'esecuzione degli accordi internazionali e degli atti dell'Unione (**fase discendente**)".
Attuazione con L. n. 234/12 su formazione e attuazione della normativa e delle politiche dell'Unione Europea.

Poteri sostitutivi dello Stato: I provvedimenti attuativi degli atti dell'Unione Europea possono essere adottati direttamente dallo Stato laddove Regioni e Province autonome dovessero essere inerti.

Inoltre, nel caso di violazioni del diritto dell'Unione Europea da parte delle Regioni e delle Province Autonome, lo Stato esercita il potere sostitutivo e ha altresì il diritto di rivalersi.

Il Comitato delle Regioni è un organo consultivo di Commissione, Consiglio Regionale e Parlamento. E' composto dai rappresentanti delle comunità regionali, 'titolari di un mandato elettorale regionale o locale'.
Il Comitato emana principalmente pareri:
obbligatori, quando sono richiesti dal Parlamento, dal Consiglio e dalla Commissione;
consultivi, quando il Comitato agisce di propria iniziativa.

RAPPORTI TRA DIVERSI LIVELLI

REGIONI E STATO

Regionalismo cooperativo

Conferenza Stato-Regioni
Conferenza Stato–città ed autonomie locali
Conferenza unificata

REGIONI E DIRITTO INTERNAZIONALE

Il rapporto è in capo allo stato centrale
Attività promozionali

REGIONI E UNIONE EUROPEA

Le Regioni e le Province autonome di Trento e Bolzano, nelle materie di loro competenza, partecipano alle decisioni dirette alla formazione degli atti normativi comunitari (**fase ascendente**) e provvedono all'attuazione e all'esecuzione degli accordi internazionali e degli atti dell'Unione (**fase discendente**)

@lemappedipierre

ALTRI LIBRI PER ESAMI E CONCORSI

Le mappe di Pierre è un progetto autoriale indipendente (*indie*), nato per offrire un supporto un po' diverso allo studio. I testi che proponiamo seguono il programma delle materie di esame e dei concorsi e si caratterizzano per l'utilizzo preferenziale di schemi o mappe concettuali costruiti specificamente per supportare l'apprendimento degli elementi fondamentali.

Nella nostra collana si trovano anche:

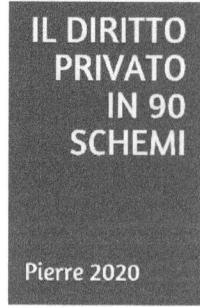

Ci trovi anche qui:

https://www.facebook.com/LeMappediPierre

https://www.instagram.com/lemappedipierre/

https://lemappedipierre.wordpress.com/

www.ingramcontent.com/pod-product-compliance
Lightning Source LLC
Chambersburg PA
CBHW050311220526
45465CB00005B/1937